Novena

Justo Juez

Por Laila Pita

© Calli Casa Editorial, 2012
© Yhacar Trust 2021

Todos los derechos registrados. Prohibida la reproducción total o parcial de esta obra en todo su contenido: texto, dibujos, ideas e ilustraciones de portada, sin autorización por escrito.

www.solonovenas.com
#2500-465

HISTORIA

En el pueblo de Nazareth, a María, unida en humilde matrimonio con José, un ángel le anuncia que será engendrada por medio del Espíritu Santo para dar vida al Ungido de Dios. Herodes ejerce una gran persecución en contra de este matrimonio y del niño que es objeto de adoración de los pastores. Este descendiente del Rey David lleva una infancia con normalidad en Nazareth donde su padre adoptivo trabaja como carpintero. A los 30 años de edad, Jesús inicia su predicación y es bautizado por Juan el Bautista. En ese momento el Espíritu Santo se manifiesta a través de una paloma blanca. Pronto Juan es detenido y ejecutado por Herodes.

Doce apóstoles se unen a él para predicar una religión basada en el amor al prójimo, el abandono de los bienes materiales, el perdón y la esperanza de vida eterna. Su enseñanza, sencilla y poética, encuentra eco entre los pobres. Su obra y milagros se expanden hasta llegar a oídos de los poderosos, que no queriendo ser destronados lo aprenden y crucifican. En el momento de su muerte se oscurece el cielo y se desata un terremoto. Manifestándose así el poder divino.

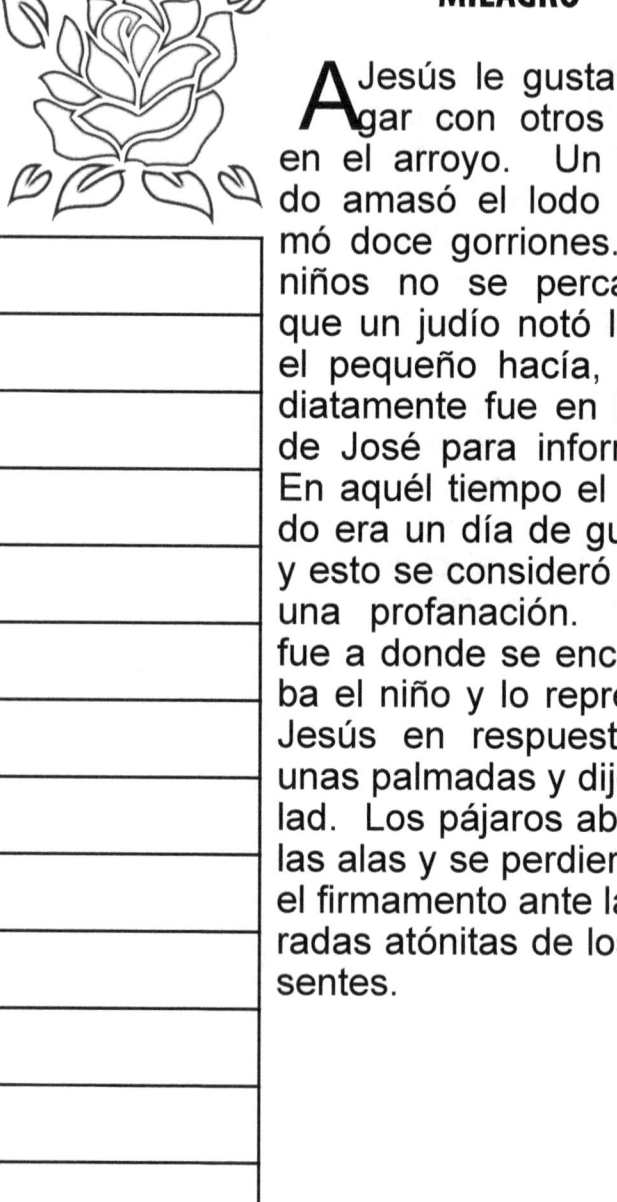

MILAGRO

A Jesús le gustaba jugar con otros niños en el arroyo. Un sábado amasó el lodo y formó doce gorriones. Los niños no se percataron que un judío notó lo que el pequeño hacía, inmediatamente fue en busca de José para informarle. En aquél tiempo el sábado era un día de guardar y esto se consideró como una profanación. José fue a donde se encontraba el niño y lo reprendió. Jesús en respuesta dio unas palmadas y dijo: Volad. Los pájaros abrieron las alas y se perdieron en el firmamento ante las miradas atónitas de los presentes.

ORACIÓN DIARIA

Jesucristo Justo Juez enciende tu luz de sabiduría, en esta tierra sombría. Devuélvenos la fragancia, que nos diste desde la infancia. Donde las luciérnagas compartieron su alegría, alumbra el sendero que lleva lejos de la vida impía. Permite que la justicia sea dada en abundancia y no se castigue cualquier insignificancia, a nosotros llegue tu consejo y filosofía, por siempre seas Señor mi guía. Te ruego me hagas ver el mal con repugnancia, entre el bueno y el malvado haya más distancia y el mundo entero se llene de poesía, bendito hijo de María.

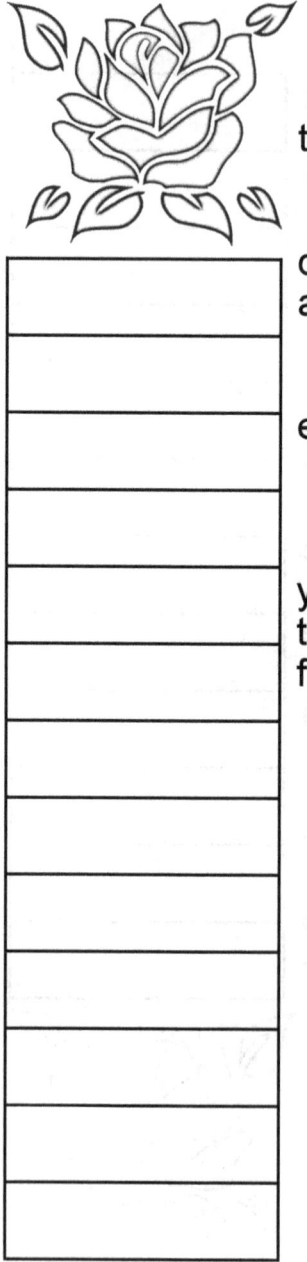

HAGA SU PETICIÓN

Amado y Venerado Justo Juez:

Aquí estoy a tus pies pidiendo ayuda. No me desampares, Justo Juez.

Te pido que me ayudes en.....
(Haga su petición)

Gracias por escucharme y por que yo se bien que tú enviarás ayuda a este fiel creyente.

Amén.

DÍA PRIMERO

Tú que siendo niño aprendiste a hacer justicia, e hiciste volar pájaros de barro sin malicia, enséñame a ser justo con mi hijo, que nunca le falte un buen cobijo y jamás vea lo ajeno con codicia, ni guarde sus pertenencias con avaricia. Sea en los hogares recibido con regocijo, para todos sea como un cosijo. Sean para él tus enseñanzas una caricia y rechace por completo la impudicia. Nosotros injustos te llevamos al crucifijo, mientras tú nos dabas la luz para aclarar el acertijo, recordar tus palabras es delicia, bendita palabra alimenticia.

Padre Nuestro, que estás en el cielo, santificado sea tu nombre; venga a nosotros tu reino; hágase tu voluntad,

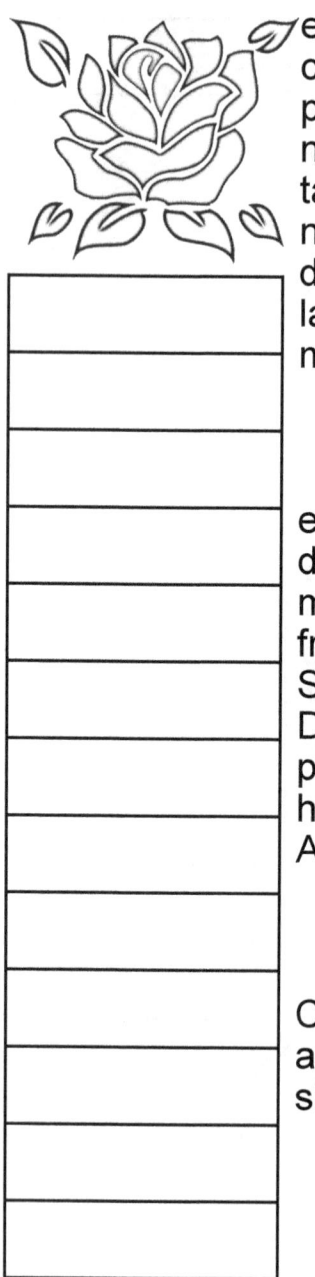

en la tierra como en el cielo. Danos hoy nuestro pan de cada día; perdona nuestras ofensas, como también nosotros perdonamos a los que nos ofenden; no nos dejes caer en la tentación, y líbranos del mal. Amén.

Dios te salve, María, llena eres de gracia, el Señor es contigo. Bendita tú eres entre todas las mujeres, y bendito es el fruto de tu vientre: Jesús. Santa María, Madre de Dios, ruega por nosotros, pecadores, ahora y en la hora de nuestra muerte. Amén.

Gloria al Padre, al Hijo y al Espíritu Santo. Como era en el principio, ahora y siempre, por los siglos de los siglos. Amén.

DÍA SEGUNDO

Justo Juez de demonios expulsador, tú que siempre has actuado con amor, protege a mi familia del pecado, para que puedan caminar a tu lado, con humildad te pido este favor, tú que abriste el corazón como una flor, para ofrecer al que se encuentra atribulado, el dolor de su cuerpo has arrancado. Permíteles enfrentarse al mundo con valor y ante ti con honor. Sé que lo que pido es demasiado, pero seguro estoy que responderás a mi llamado. Señor de las vidas escritor y de almas gran pintor. Agradezco Jesús que te he encontrado.

Padre Nuestro, que estás en el cielo, santificado sea tu nombre; venga a nosotros tu reino; hágase tu voluntad, en la tierra como en el

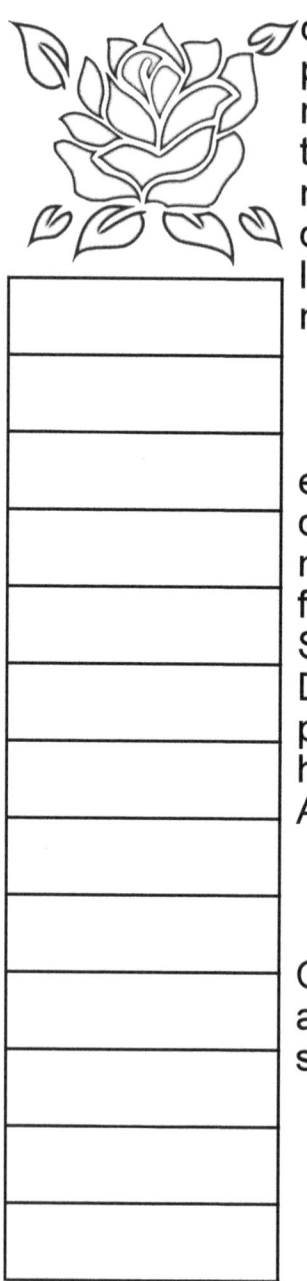

cielo. Danos hoy nuestro pan de cada día; perdona nuestras ofensas, como también nosotros perdonamos a los que nos ofenden; no nos dejes caer en la tentación, y líbranos del mal. Amén.

Dios te salve, María, llena eres de gracia, el Señor es contigo. Bendita tú eres entre todas las mujeres, y bendito es el fruto de tu vientre: Jesús. Santa María, Madre de Dios, ruega por nosotros, pecadores, ahora y en la hora de nuestra muerte. Amén.

Gloria al Padre, al Hijo y al Espíritu Santo. Como era en el principio, ahora y siempre, por los siglos de los siglos. Amén.

DÍA TERCERO

Príncipe y juez del mundo, vuelve tu mirada a mí por un segundo. Llevo sobre mis espaldas una gran pena, que me atormenta cada día como condena. Tú que eres la justicia y la paz del mundo, aligera el peso de mi corazón errabundo. Divino Señor de alma buena, transparente y blanca como azucena, aleja de mí al malvado engañamundo. Transmitiste a tus hijos un sentimiento profundo, para que vivieran dichosos en una vida plena, aceptaste amoroso una experiencia terrena. Bendito hijo de María de bondad fecundo, de tu agua milagrosa y sanadora estoy sitibundo.

Padre Nuestro, que estás en el cielo, santificado sea tu nombre; venga a nosotros tu

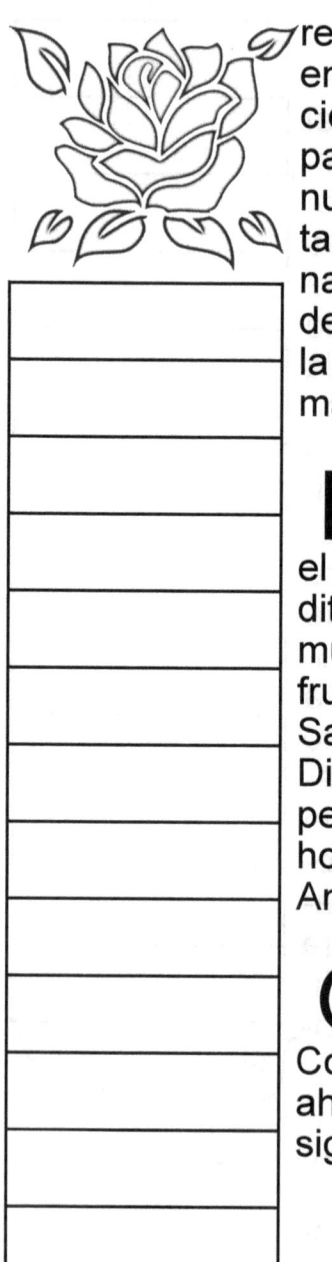

reino; hágase tu voluntad, en la tierra como en el cielo. Danos hoy nuestro pan de cada día; perdona nuestras ofensas, como también nosotros perdonamos a los que nos ofenden; no nos dejes caer en la tentación, y líbranos del mal. Amén.

Dios te salve, María, llena eres de gracia, el Señor es contigo. Bendita tú eres entre todas las mujeres, y bendito es el fruto de tu vientre: Jesús. Santa María, Madre de Dios, ruega por nosotros, pecadores, ahora y en la hora de nuestra muerte. Amén.

Gloria al Padre, al Hijo y al Espíritu Santo. Como era en el principio, ahora y siempre, por los siglos de los siglos. Amén.

DÍA CUARTO

Justo Juez eterno viajero celestial, de perfección y ejemplo sin igual, has hecho caminar al paralítico y ver al ciego, en este momento de oscuridad a ti mi plegaria entrego, para que guíes mis pasos con tu luz hasta el final y no perderme en este mundo material. Aleja de mi pecho este gran desasosiego, dame sencillez y no me venza el ego. Que mi fe sea fuerte y no se rompa como cristal para estar atento siempre a la señal. Con respeto beso tus heridas y te ruego, fortalezcas mi convicción para no vivir en desapego. Amén.

Padre Nuestro, que estás en el cielo, santificado sea tu nombre; venga a nosotros tu reino; hágase tu voluntad, en la tierra como en el

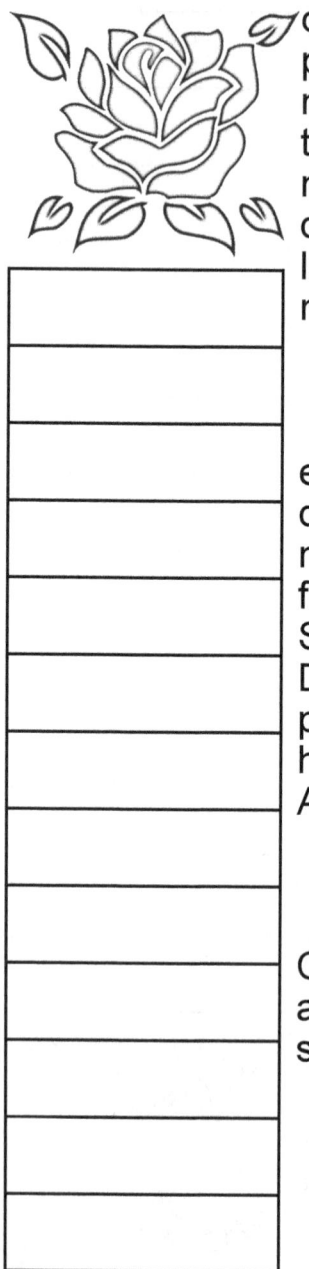

cielo. Danos hoy nuestro pan de cada día; perdona nuestras ofensas, como también nosotros perdonamos a los que nos ofenden; no nos dejes caer en la tentación, y líbranos del mal. Amén.

Dios te salve, María, llena eres de gracia, el Señor es contigo. Bendita tú eres entre todas las mujeres, y bendito es el fruto de tu vientre: Jesús. Santa María, Madre de Dios, ruega por nosotros, pecadores, ahora y en la hora de nuestra muerte. Amén.

Gloria al Padre, al Hijo y al Espíritu Santo. Como era en el principio, ahora y siempre, por los siglos de los siglos. Amén.

DÍA QUINTO

¡Oh! Adorado Jesucristo, príncipe temerario, trajiste espada para imponer paz ante tu adversario, te ruego me ayudes a ser justo cuando imponga castigo y convertir a mi atacante en amigo. Permíteme obrar con bien sin ser arbitrario, con firmeza y amor humanitario. Bendito Señor en este momento difícil permanece conmigo, de mi buena voluntad se testigo. A ti imploro a diario, me alejes de todo mal innecesario. Quiero caminar de frente sin esconder el rostro tras el postigo, mi corazón esté en paz siempre contigo. Justo Juez de ejemplo extraordinario, junto a ti jamás me sentiré solitario.

Padre Nuestro, que estás en el cielo, santificado sea tu nombre;

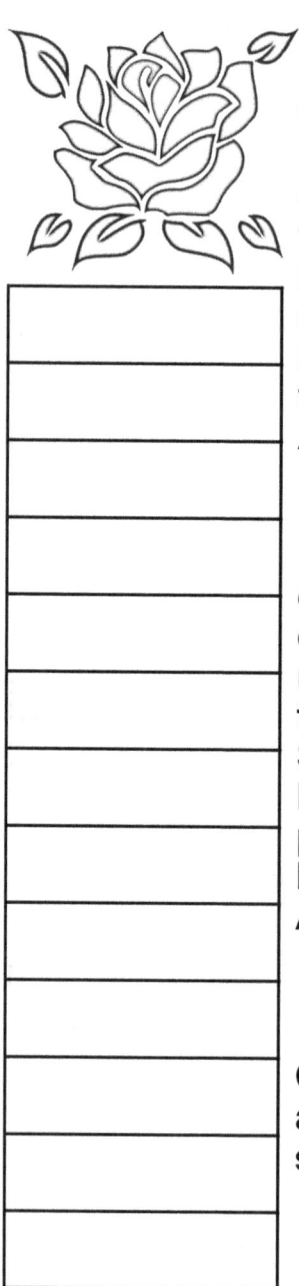

venga a nosotros tu reino; hágase tu voluntad, en la tierra como en el cielo. Danos hoy nuestro pan de cada día; perdona nuestras ofensas, como también nosotros perdonamos a los que nos ofenden; no nos dejes caer en la tentación, y líbranos del mal. Amén.

Dios te salve, María, llena eres de gracia, el Señor es contigo. Bendita tú eres entre todas las mujeres, y bendito es el fruto de tu vientre: Jesús. Santa María, Madre de Dios, ruega por nosotros, pecadores, ahora y en la hora de nuestra muerte. Amén.

Gloria al Padre, al Hijo y al Espíritu Santo. Como era en el principio, ahora y siempre, por los siglos de los siglos. Amén.

DÍA SEXTO

De Dios Padre el Hijo dador de vida, tu palabra en la tierra es la más querida. Abre los oídos de estos humildes pecadores y ahórranos tantos dolores. Me acerco a ti Señor porque se me ha abierto una herida y mi alma se siente adolorida. Tú que a causa nuestra sufriste horrores, aleja de mí estos temores. Dirige mis pasos para hallar la salida y ayúdame a encontrar la calma que tengo perdida. Llenas mi vida de tiernos colores, de dulces cantos y divinas flores. A ti Príncipe del firmamento pido mil perdones.

Padre Nuestro, que estás en el cielo, santificado sea tu nombre; venga a nosotros tu reino; hágase tu voluntad, en la tierra como en el cielo. Danos hoy nuestro

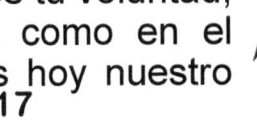

pan de cada día; perdona nuestras ofensas, como también nosotros perdonamos a los que nos ofenden; no nos dejes caer en la tentación, y líbranos del mal. Amén.

Dios te salve, María, llena eres de gracia, el Señor es contigo. Bendita tú eres entre todas las mujeres, y bendito es el fruto de tu vientre: Jesús. Santa María, Madre de Dios, ruega por nosotros, pecadores, ahora y en la hora de nuestra muerte. Amén.

Gloria al Padre, al Hijo y al Espíritu Santo. Como era en el principio, ahora y siempre, por los siglos de los siglos. Amén.

DÍA SÉPTIMO

Carpintero tu martillo ha clavado en los corazones, un amor sencillo y en los ojos incrustado el sueño anhelado. Es por esto que no te pido me construyas un castillo, pero sí que en mi mesa siempre encuentre un bocadillo y tenga para dar alimento al que a mi lado esté sentado, sea el patrón o sea el criado. He dejado todo a tu cuidado y permanezco atento a tu llamado, mantengo siempre encendido el farolillo, para que no tropiece el que pise mi pasillo. Para recibir tu bendición Señor estoy preparado, hambriento de tu pan sagrado.

Padre Nuestro, que estás en el cielo, santificado sea tu nombre; venga a nosotros tu reino; hágase tu voluntad,

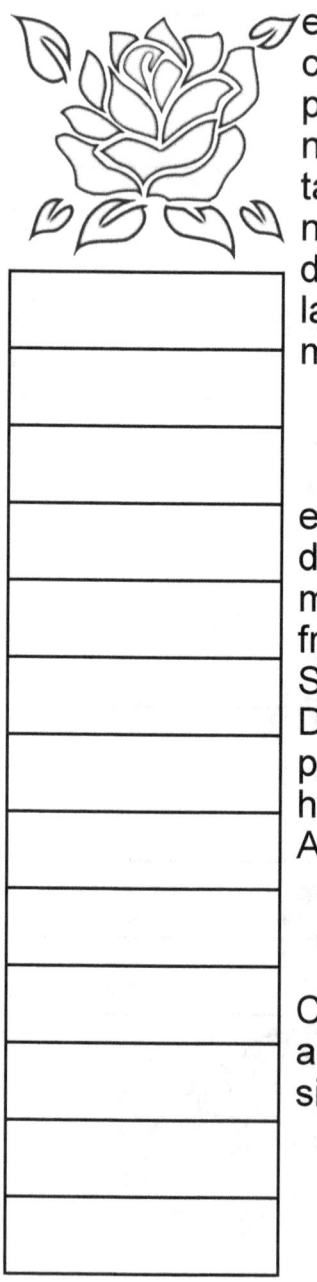

en la tierra como en el cielo. Danos hoy nuestro pan de cada día; perdona nuestras ofensas, como también nosotros perdonamos a los que nos ofenden; no nos dejes caer en la tentación, y líbranos del mal. Amén.

Dios te salve, María, llena eres de gracia, el Señor es contigo. Bendita tú eres entre todas las mujeres, y bendito es el fruto de tu vientre: Jesús. Santa María, Madre de Dios, ruega por nosotros, pecadores, ahora y en la hora de nuestra muerte. Amén.

Gloria al Padre, al Hijo y al Espíritu Santo. Como era en el principio, ahora y siempre, por los siglos de los siglos. Amén.

DÍA OCTAVO

Justo Juez que tantos milagros has hecho, nos enseñaste un camino derecho. Hoy señor me acerco a ti, a rogarte por mi casa, para que la protección nunca sea escasa. Padre mío no permitas que a mi familia le falte un techo y aunque sea humilde me sienta satisfecho. Que se mantenga encendida la brasa, recibiendo calor mientras la tormenta pasa. Sea fortaleza ante el enemigo que está al acecho, así dormir tranquilo en mi lecho. Junto a mí tus enseñanzas para no caer en ignorancia crasa, que estorba y retrasa.

Padre Nuestro, que estás en el cielo, santificado sea tu nombre; venga a nosotros tu reino; hágase tu voluntad, en la tierra como en el

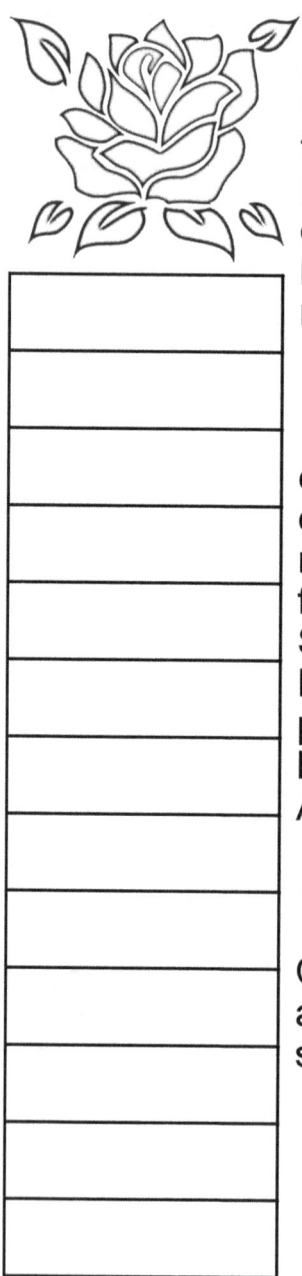

cielo. Danos hoy nuestro pan de cada día; perdona nuestras ofensas, como también nosotros perdonamos a los que nos ofenden; no nos dejes caer en la tentación, y líbranos del mal. Amén.

Dios te salve, María, llena eres de gracia, el Señor es contigo. Bendita tú eres entre todas las mujeres, y bendito es el fruto de tu vientre: Jesús. Santa María, Madre de Dios, ruega por nosotros, pecadores, ahora y en la hora de nuestra muerte. Amén.

Gloria al Padre, al Hijo y al Espíritu Santo. Como era en el principio, ahora y siempre, por los siglos de los siglos. Amén.

DÍA NOVENO

Señor de amor inmenso como el mar, nunca dejes al enemigo entrar. Llena mi casa y mi alma de bondad y sácame de esta terrible oscuridad. No dejes mi paciencia acabar, junto a ti quiero caminar y que seas tú mi realidad, para en tus brazos encontrar la libertad. Ayúdame al buen camino regresar y por la mañana tranquilo despertar. Dame tu consejo en este tiempo de necesidad y protégeme de cualquier enfermedad. Dios de Dioses, Señor tus pies yo he de besar, tu sacrificio siempre voy a recordar. Jesucristo tu amistad me llena de felicidad.

Padre Nuestro, que estás en el cielo, santificado sea tu nombre; venga a nosotros tu reino; hágase tu voluntad,

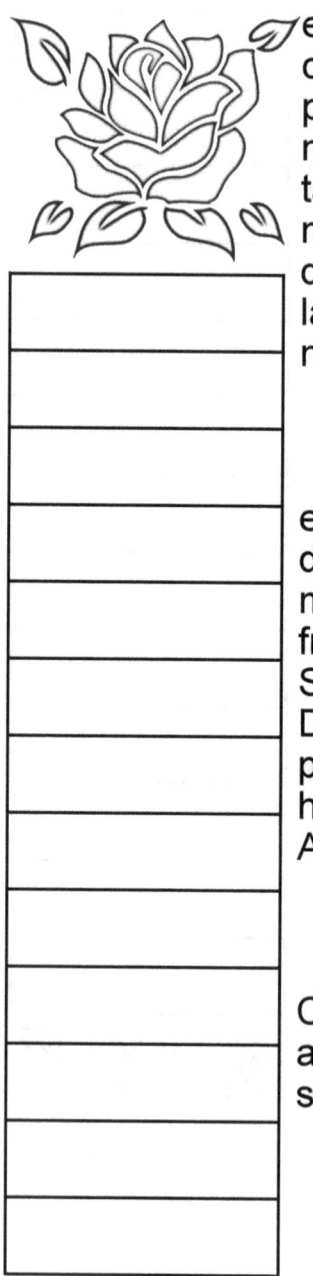

en la tierra como en el cielo. Danos hoy nuestro pan de cada día; perdona nuestras ofensas, como también nosotros perdonamos a los que nos ofenden; no nos dejes caer en la tentación, y líbranos del mal. Amén.

Dios te salve, María, llena eres de gracia, el Señor es contigo. Bendita tú eres entre todas las mujeres, y bendito es el fruto de tu vientre: Jesús. Santa María, Madre de Dios, ruega por nosotros, pecadores, ahora y en la hora de nuestra muerte. Amén.

Gloria al Padre, al Hijo y al Espíritu Santo. Como era en el principio, ahora y siempre, por los siglos de los siglos. Amén.

ORACIÓN FINAL

Alabado seas Señor de las estrellas, gran maestro de las cosas bellas, dador de vida y pastor de ovejas, por donde tú vas dejas huellas, despidiendo aromas de violetas y grosellas, sembrando a tu paso moralejas. Sanador de heridas viejas, eres Justo Juez en las querellas, protagonista de grandes epopeyas, conocedor de cosas complejas, tus leyes caen sobre el enemigo como centellas y se lanzan al vuelo como arpellas. Permíteme ser como las abejas y ante el buen consejo parar orejas.

Padre Nuestro, que estás en el cielo, santificado sea tu nombre; venga a nosotros tu reino; hágase tu voluntad, en la tierra como en el cielo. Danos hoy nuestro

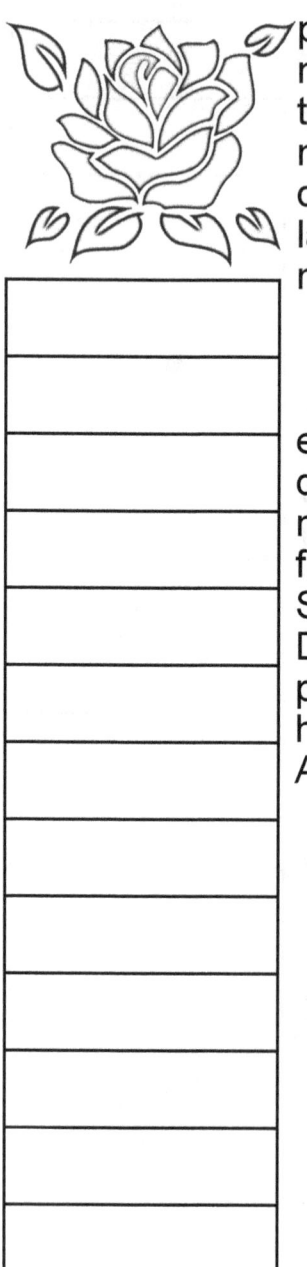

pan de cada día; perdona nuestras ofensas, como también nosotros perdonamos a los que nos ofenden; no nos dejes caer en la tentación, y líbranos del mal. Amén.

Dios te salve, María, llena eres de gracia, el Señor es contigo. Bendita tú eres entre todas las mujeres, y bendito es el fruto de tu vientre: Jesús. Santa María, Madre de Dios, ruega por nosotros, pecadores, ahora y en la hora de nuestra muerte. Amén.

Gloria al Padre, al Hijo y al Espíritu Santo. Como era en el principio, ahora y siempre, por los siglos de los siglos. Amén.

Papá Dios: que tu sabiduría nos guíe; que tu luz ilumine nuestro camino; que tu amor nos de paz; que tu poder nos proteja, y que por donde quiera que caminemos, tu presencia nos acompañe. Gracias Papá Dios que ya nos oíste. Amén.

www.ingramcontent.com/pod-product-compliance
Lightning Source LLC
Chambersburg PA
CBHW070634150426
42811CB00050B/296